世界五千年
科技故事丛书

卢嘉锡 题

《世界五千年科技故事丛书》
编审委员会

世界五千年科技故事丛书

东西方文化的产儿

汤川秀树的故事

丛书主编　管成学　赵骥民

编著　闫瑞　舒宾

吉林出版集团 ┃ 吉林科学技术出版社

图书在版编目（CIP）数据

东西方文化的产儿：汤川秀树的故事 / 管成学，赵骥民主编.
-- 长春：吉林科学技术出版社，2012.10（2022.1重印）
ISBN 978-7-5384-6108-4

Ⅰ.①东… Ⅱ.①管… ②赵… Ⅲ.①汤川秀树（1907～1981）
－生平事迹－通俗读物 Ⅳ.①K833.136.11-49

中国版本图书馆CIP数据核字（2012）第156253号

东西方文化的产儿：汤川秀树的故事

主　　编	管成学　赵骥民	
出 版 人	宛　霞	
选题策划	张瑛琳	
责任编辑	万田继	
封面设计	新华智品	
制　　版	长春美印图文设计有限公司	
开　　本	640mm×960mm　1 / 16	
字　　数	100千字	
印　　张	7.5	
版　　次	2012年10月第1版	
印　　次	2022年1月第4次印刷	

出　　版　吉林出版集团
　　　　　吉林科学技术出版社
发　　行　吉林科学技术出版社
地　　址　长春市净月区福祉大路5788号
邮　　编　130118
发行部电话 / 传真　0431-81629529　81629530　81629531
　　　　　　　　　　81629532　81629533　81629534
储运部电话　0431-86059116
编辑部电话　0431-81629518
网　　址　www.jlstp.net
印　　刷　北京一鑫印务有限责任公司

书　　号　ISBN 978-7-5384-6108-4
定　　价　33.00元
如有印装质量问题可寄出版社调换

序 言

十一届全国人大副委员长、中国科学院前院长、两院院士

(签名)

　　放眼21世纪，科学技术将以无法想象的速度迅猛发展，知识经济将全面崛起，国际竞争与合作将出现前所未有的激烈和广泛局面。在严峻的挑战面前，中华民族靠什么屹立于世界民族之林？靠人才，靠德、智、体、能、美全面发展的一代新人。今天的中小学生届时将要肩负起民族强盛的历史使命。为此，我们的知识界、出版界都应责无旁贷地多为他们提供丰富的精神养料。现在，一套大型的向广大青少年传播世界科学技术史知识的科普读物《世

界五千年科技故事丛书》出版面世了。

　　由中国科学院自然科学研究所、清华大学科技史暨古文献研究所、中国中医研究院医史文献研究所和温州师范学院、吉林省科普作家协会的同志们共同撰写的这套丛书，以世界五千年科学技术史为经，以各时代杰出的科技精英的科技创新活动作纬，勾画了世界科技发展的生动图景。作者着力于科学性与可读性相结合，思想性与趣味性相结合，历史性与时代性相结合，通过故事来讲述科学发现的真实历史条件和科学工作的艰苦性。本书中介绍了科学家们独立思考、敢于怀疑、勇于创新、百折不挠、求真务实的科学精神和他们在工作生活中宝贵的协作、友爱、宽容的人文精神。使青少年读者从科学家的故事中感受科学大师们的智慧、科学的思维方法和实验方法，受到有益的思想启迪。从有关人类重大科技活动的故事中，引起对人类社会发展重大问题的密切关注，全面地理解科学，树立正确的科学观，在知识经济时代理智地对待科学、对待社会、对待人生。阅读这套丛书是对课本的很好补充，是进行素质教育的理想读物。

　　读史使人明智。在历史的长河中，中华民族曾经创造了灿烂的科技文明，明代以前我国的科技一直处于世界领先地位，涌现出张衡、张仲景、祖冲之、僧一行、沈括、郭守敬、李时珍、徐光启、宋应星这样一批具有世界影响的科学家，而在近现代，中国具有世界级影响的科学家并不多，与我们这个有着13亿人口的泱泱大国并不相称，与世界先进科技水平相比较，在总体上我国的科技水平还存在着较大差距。当今世界各国都把科学技术视为推动社会发展的巨大动力，把培养科技创新人才当做提高创新能力的战略方针。我国也不失时机地确立了科技兴国战略，确立了全面实施素质教育，提高全民素质，培养适应21世纪需要的创新人才的战略决策。党的十六大又提出要形成全民学习、终身学习的学习型社会，形成比较完善的科技和文化创新体系。要全面建设小康社会，加快推进社会主义现代化建设，我们需要一代具有创新精神的人才，需要更多更伟大的科学家和工程技术人才。我真诚地希望这套丛书能激发青少年爱祖国、爱科学的热情，树立起献身科技事业的信念，努力拼搏，勇攀高峰，争当新世纪的优秀科技创新人才。

目　录

书香世家

　　汤川秀树是日本第一个获得诺贝尔奖的人。先让我们看看他的家世吧。

　　1907年（明治四十年）1月23日，正值梅花傲岸霜雪、争芳斗艳的时节。小川琢治和小川小雪的第三个儿子在东京都麻布市兵卫町呱呱坠地。他就是汤川秀树。

秀树一岁零两个月的时候，父亲因赴京都帝国大学（现京都大学）任教授，遂举家迁往京都。秀树的小学、中学和大学都是在京都念的，他一生大部分时间也都是在京都度过的，还操一口地道的京都方言。所以秀树本人是地道的京都人。

那时的京都大约有30万人口。作为平安时代的首都，保存着大量的文物古迹。还有一所全国数一数二的京都帝国大学。这是一座清静美丽、洋溢着古老和崭新的文化气息的城市。京都人一谈到京都，自豪之情溢于言表。

小川琢治夫妻共生养了7个子女，大哥芳树、二哥茂树、老三秀树、四弟环树、五弟滋树、大姐香代和二姐妙子，加上小雪的父母，共11口人。这五个男孩子，要说有什么共同的特点的话，那就是头长得似乎比别人家的孩子大一点儿。还有一点，就是入睡困难。好不容易睡着了，一有点儿动静就醒来。秀树比起另外的4个兄弟还多一个特点，那就是早上起床也困难。这使得母亲小川小雪多付出了许多心血。兄弟5人的性格，据说都近于黏液质，至少没有一个被说成胆汁质的。

秀树的父亲琢治1870年（明治三年）出生于南纪，是仁厚家学者浅井南溟的二男。

生父南溟早年在潘学（指日本江户时代诸侯领地的学校）修道馆教汉学。诸侯领地制被废除后，自己开设私塾。琢治自幼在家接受生父口授《四书》、《五经》。后来，《南监本二十一史》、《后汉书》、《三国志》、《晋书》等都成了他喜欢看的书。他没有上过小学，后来直接入和歌山中学学习。1886年（明治十九年）进入东京第一高等学校学习。第二年成为中川驹橘的养子。1891年（明治二十四年）入大学。因为日本是一个多地震的国家，他便选学了地质地理专业。毕业后，进农商务省的地质调查所工作。他边工作边学习，取得了博士学位。1896年（明治二十七年）与小川小雪结婚。

热心工作的琢治结婚前一天晚上才赶回东京的家里。30岁那年，代表日本参加了在巴黎举行的世界地质学会。这时他已经成为一位优秀的学者了。为了搞地质和地理调查，他几乎跑遍了日本本土。野外工作，在生活方面有许多不便，像吃饭、住宿这样的事，常常需要跟当地的居民打交道。他却从不叫苦。说到研究方面，虽然也搞地质和自然地理，但他的研究重点和兴趣是人文地理。人文地理是研究人类社会及人类生活与其所处的自然环境的关系的一门科学，是很有代表性的交叉学科。因此小川琢治在人文科学方面有很高的素养。又因自幼受中国文化熏陶，有关中国古代史、考古、地理等方面的知识也颇为丰富。

他喜欢围棋、旅行和书法，还喜欢读书、买书。家里到处都是书，连仓库里也堆满了书，但还是接连不断地买回来。实在放不下了，就找一处大些的房子搬家，他搬过好几次家。这些书籍不仅支持着他的研究和爱好，也是很早就完成了识字教育的孩子们经常光顾的园地。书太多了，有时候，他找不着要看的书。这时候，只要说出书名，那个刚上小学的四儿子环树，很快就会把书送到他手上来。他的书法在亲戚和朋友之中很受推崇，经常有人请他题字。

小川琢治对子女的教育是很严格的。他的子女从5岁到上中学这段时间，都受到严格的家教。这项工作由他养父兼岳父小种橘承担。他认为小孩子只看儿童读物，就会变成一个傻瓜。年纪虽小，但在知识方面却应当尽早地开窍，尽早地丰满起来。在行为方面，他要求孩子们要像大人，懂规矩，有责任感，绝不允许孩子们任性。他不允许他的孩子为了考试开夜车。他把那称作"粪学习"。他对孩子们的关心主要是学业方面。在学业以外的方面，他做得似乎很不够。当他把精力倾注到研究或工作上的时候，他就会把孩子忘到一边去。当他留心到孩子们的时候，又往往变得很挑剔。汤川秀树在《父亲》的文章里说，他不记得有过骑在父亲的肩头上或坐在父亲膝上玩耍的事情，也不记得父亲曾抱过他。在孩子们的眼里，他是一位严厉而缺少父爱的爸爸。孩子们淘气惹得他不高兴的时候，他就去告诫妻子不可溺爱孩子。

"我跟你说过多少次了，溺爱是愚蠢和懦弱的行为。"每当这时候，妻子小雪总是回答说："话是这么说，可是毕竟孩子们还小啊。"

多亏母亲的庇护，家中并没有森严的气氛。在对待子女前途的问题上，琢治尊重孩子们自己的选择。他本来有心让秀树继承他的专业，因为日本是个多地震的国家。可是，秀树却无意秉承遵旨而选择了物理学。对此小川琢治没有流露出一点儿不快。这可能与他本人幼年和少年时代受的家教以及后来的学者生涯有关吧。他的几个孩子都非常出色。都成了名牌大学的教授。

有严父又有慈母，这个家庭是很幸运的。秀树的母亲小雪也出身于一个世袭的书香门第。她父亲叫小川驹橘，幼年时就开始接受汉学教育。早年是和歌山县的藩士（诸候领地的武士）。幕府时代（1603－1868）末期因作战立功曾被派往江户学习，投师福泽谕吉，在庆应义塾学过西学。是一位顺应时代潮流，积极推进西方文化的维新派人物。1867年（明治初年），长崎开设师范学校，驹橘任第一任校长。后来还曾担任一段时间的庆应义塾的教师。教孙子们学习《论语》的时候，对子曰的念法并没有使用敬语，而当时学校的汉文课上都是使用敬语的。从这一点上可以看出他是没有把孔子当做圣人的。他的房间里除了中国的古书之外，还有许多西方的哲学名著。直到80岁去世时一直坚持看每周一次从伦敦寄来的《泰晤士报》。

小雪自幼就是按照贤妻良母型塑造出来的女人。明治维新以来，日本社会发生了急剧的变化。铁路、电话使日本人惊讶得目瞪口呆，对先进的西方科学技术已经没有人再抱怀疑态度。但是，说到文化方面，事情就不那么简单了。例如妇女解放问题，在日本就遇到了顽强的抵抗。小雪的父亲是维新派，所以小雪念中学的时候常穿西装，走在街上难免引人侧目。中学毕业以后，父亲把她送进东洋英和女子学校学习英语。那时候女孩子进英语学校是很少有的事。小雪在那时可算得上一位摆脱了旧习俗、旧思想的新一代女性。当浅井琢治作为小川驹橘的养子来到小川家的时候，小雪便从女子学校退学了。开始学习作为一个上层社会的家庭主妇不可缺少的一些教养课程，像插花啦、茶道啦、古筝等，同时还跟一位国文先生学习日本的古典文学。结婚后，小雪愉快地承担起繁重的家务，家庭生活安排得井井有条。她每个月外出一次，把这个月要用的生活用品买齐，平日几乎足不出户。稍有闲暇，则用于阅读，多是与教育子女有关的书。虽说小川琢治的工资算得上丰厚，但是，他上下班每天要坐人力车，见了好书就得买，还要养活7个孩子，再加上老人，经济就不宽裕了。可是，小雪还是坚持要把7个孩子都送上大学。她决不在孩子们的营养、衣着、书籍和学习用品方面省下钱来用于积攒财物。让她的子女在身心两方面都尽可能好地成长起来，是她的人生目标，是她的幸福所在。据说，直到80岁去世，她不曾看过一部电影。如果不是小雪这样一位贤妻良母，这个家庭也许是另一个样子了。人们在赞叹一位天才的时候，如果忘了他的母亲，那是很不公平的。还得补充一句，小雪是个漂亮的女人。

童年生活

　　小时候的秀树，是个文静的孩子，喜欢独处，喜欢思考。他不爱说话。说话的声音也很小。比起较为喜欢户外活动的两个哥哥来，他更喜欢室内活动。像正月里玩的纸牌呀、扑克啦，都是他爱玩的。有些拼图游戏他比两个哥哥玩得还熟巧呢。外祖母对母亲夸奖说，秀树是兄弟里边脑袋最灵的。

他很喜欢摆积木。有一天，外祖母早上出门的时候，见秀树正在摆积木，下午回家一进屋，看见秀树依然在聚精会神地摆着。

"哎呀！你怎么还在摆呀？不累吗？"

"不累。姥姥，你看，我给你摆个庙。"

很快地秀树就摆起了一座庙。外祖母一边称赞着，一边合起双手拜起佛来。

他也喜欢摆盆景。他在一个沙盘里摆上房子、亭子、树等，他玩多长时间也不觉得累。他会设计出各式各样的格局来，然后就长时间地打量着，任凭他的想象在那小小的沙盘里驰骋。这一爱好一直保持终生。成年以后，每到一个有庭园的处所，他都要好好地看上两眼。

说到秀树小时候受到的教育，有两件事是不可不表的。一是汉学，一是书法。投胎到这个家庭的孩子，就命中注定要学好这两项本领。就像他们的身体里带着小川琢治的遗传基因一样。

秀树还不到5岁的时候就开始学习日文假名，接着就开始识字和写字训练了。刚过5岁的时候，他就不得不坐在捋着白胡子的外祖父面前大声地朗诵汉文了。有一天，秀树正在摆积木儿，就听见父亲对外祖父说：

"秀树也到了学汉书的年纪了吧。"

"不早一点儿吗？秋天再说吧。"外祖父说。

"不早了。我小时候就是5岁开始念汉书的。"

第二天傍晚，刚吃过晚饭，外祖父把秀树叫过来说：

"从今天开始，你要每天跟我念汉书了。"

5岁的孩子要适应这种训练，不用说，

吃了不少的苦头儿。只要看看书面上哥哥们留下的斑斑泪痕，就会明白的。外祖父打开一本线装书，上面印满了一厘米见方大的字，手里拿着一根教鞭指着一个个的汉字，大声地念起来：

"子曰……"

"子曰……"秀树看着教鞭指的汉字，也跟着念起来。可是，无论是汉字，还是外祖父的声音，他一点儿都不懂得什么意思，还没念上两行就腻了。这时候外祖父的教鞭就会把书拍得啪啪响。于是秀树又跟着外祖父念起来。

那一个一个的汉字，排成一行一行的，密密麻麻地排满了一整页。一页一页地又摞成厚厚的一大本，就像用一块一块的砖头砌成的一面高大而又望不到尽头的墙，挡住了他的去路。他想逃了，他想去摆积木，刚站起身来，就听见：

"坐下！"

不知道父亲是什么时候站在他的背后。

他怕父亲，平时总是躲着父亲。父亲不曾像外祖父那样，牵着他的手去逛过公园。父亲也不曾像外祖母那样，跟他一起玩积木，摆盆景。父亲也从没有像妈妈那样爱抚过他。父亲总是对他说，不许哭，你是个男孩子。不可以任性，你已经是个大孩子了。

他真想冲上去把这个令人讨厌的父亲推出去。他不敢正视着父亲。父亲那威严的目光和硕大的身躯，使他感到恐怖，他不得不又坐下了，头垂得低低的。

　　外祖父使了个眼色，父亲就回到自己的书房去了。

　　"子曰……"外祖父又大声地念起来。

　　"子曰……"秀树的声音小得只有他自己能听得见。

　　外祖父拿着教鞭引导着要他翻过这堵墙。可是这堵墙太高了，太长了，望不到尽头。他感到紧张，这紧张变成恐怖，继而恐怖又变成极度的疲劳。睡魔袭来了。

恍恍惚惚中，极度紧张的神经一下子松弛下来，他感到通体舒坦，就像睡在母亲的怀里。

"啪！啪！啪！"

秀树被惊醒了。睁开眼睛，只见一大绺长长的胡子，快要拖到桌面。一只满是皱纹的手，捏着教鞭敲打着书本。抬头看看外祖父的脸，外祖父毫无表情地微微睁着眼睛，斜睨着教鞭指的地方。这哪里是那个慈祥的总是笑眯眯的外祖父啊！秀树大声地哭起来，哭得好伤心。

时间一天一天地熬过去。秀树已经不像开始那么紧张了。他发现，只要他眼睛不往别处看，声音跟得上，那教鞭也就不响了。他的心却有如笼中的小鸟。春风让他想到房檐下的燕子就要回来了。七月流火，汗水顺着脊背流下来。秋虫叽叽，他想到窗下草丛里的那两只蟋蟀。冬寒入骨，他那两只小手冻得红彤彤的。一年下来，不知不觉间他记住了许多汉字。外祖父只要他朗读和背诵，并不给他讲解意思。那么小的孩子，就是讲了也听不懂。这也许就是中国语文传统教育的"反刍法吧"。认识的字渐渐地多起来，学习兴趣也浓厚起来。开始的时候，就像一个人在黑夜里走路。走了两年，东方已经发白，他已经模模糊糊地辨出路来了。又走了两年，路两旁的房子也现出轮廓来了。他觉得汉字比他的积木复杂多了，挺有意思的。

　　家里书架上那么多的书，只要是书脊上写着字的，他就要试试自己会不会念。有一天他站在椅子上翻爸爸书架上的书，发现一套10册的线装连环画书《太阁记》，写的是战国时代统一了全国的英雄丰臣秀吉的故事。秀树高兴得不得了。真没想到爸爸的书房里还有这么有意思的好书。那个令他讨厌的爸爸好像也变得不那么讨厌了。他一本接一本地、一页不落地看完了这套书。整个少年时代，丰臣秀吉都是他心中的英雄。之后，他又读了《格林童话》、《安徒生童话》等很多欧美童话故事的日译本。《少年世界》和《日本少年》也是他喜爱的儿童刊物。遇到不懂的问题他就去问妈妈。这时候，母亲无论多忙，总是立刻放下手里的活儿，亲切认真地解答他的问题。那时小学三年级的很多学生都在为繁难的汉字头疼，而秀树早已经开始看小说了。

汉文朗读训练一直持续到初中一年级。他学了《大学》、《论语》和《孟子》。没有学《中庸》，由《孝经》取而代之。还学了《史记列传》和《左氏春秋传》等。

走进了书的世界，幼小的秀树如痴如醉。他借助汉字旁边用小字写的注释，贪婪地读了《水浒传》、《三国志》和《西游记》。后来又看了一些别的翻译成日文的中国小说。

扎实的汉文基础对他以后的成长产生了极大的影响。在记忆力最好的年华里学到的这些东西，有些是终生不忘的。中年之后的汤川秀树仍能流利地背诵出成段的汉文来。一次跟朋友们喝酒的时候，谈到中国古典小说，他背出了《水浒传》一百零八将的名字，一个不少，一个不错，而且还讲述了许多生动有趣的细节。令在座的人惊叹不已。

只要养父建在，孩子们的汉学教育是有着落的。可是，书法呢，琢治自己的书法不错，可没有时间。他老是惦记着这事儿。作为物理学家而闻名世界的汤川秀树，还是一位书法家，这里也有做父亲的一番苦心呢。小川琢治在地质调查所工作的那段时间，常有机会去中国大陆搞地质和地理调查。每次去中国总要抽空儿逛逛书画店，遇到喜欢的书画、古董，宁可节衣缩食也要买回来。时间长了，手里的书画也就多起来。他本人又是书法高手，在熟人之间很受推崇。他把中国的书法与日本的作过详细比较，发现日本的书法还略逊一筹。于是便产生了让子女学习中国书法的念头。他本人的经历告诉他，小时候所受到的家教，他的子女应该一点儿不少地承袭下来。西方的科学技术一定要好好学，但是汉学也是不可不学的。更何况那是世世代代的传统，绝不可以在他这一代葬送。

说来也巧，正值此时京都来了一位颇有来历的书法家。他就是山本竟山。山本出身于岐阜市的一位纸商家庭，是家中长子，本名卯兵卫。曾拜明治时代书法界巨匠、东京的日下部鸣鹤为师，学习书法。因不满日本书法界的平庸风气，遂立志去中国寻根探源。1903年来到中国湖北武昌，拜当时书法界泰斗杨守敬，杨氏曾在中国驻东京公使馆任职，著名历史、地理学家（《历代中国历史地图》一书的作者）为师，潜心磨砺，直至功底深厚。归国后于1913年在东京都设塾。

小川得知此事，就让小学二年级的秀树和京都第一女子学校的二姐妙子一起进了竟山塾，每个星期学习一次。果真是名不虚传。不到半年，姐弟俩人均大有长进。这证实了竟山翁教授书法效果非同一般。在教育子女方面不惜心血也不吝金钱的小川，从1916年起就把山本请到家里，命所有的孩子一律学习书法。

7个孩子一起学习书法，这可忙坏了母亲小雪。每到上书法课的时候，家里一片忙乱，有如战场。

孩子们的练习，由山本竟山批阅后再发还给每个人。写得好的字，就用红笔画上一个、两个或三个圈。成绩优秀的孩子有时会获得老师的口头表扬，秀树是获得这项恩典最多的孩子。

兄弟中也有不喜欢书法的，因为贪玩，就经常托辞学校有事，尽量躲过书法课。秀树则不然，就是没有书法课的时候，他也常常自己练习。他已经爱上书法了。秀树念中学的时候，一家杂志社的人请小川琢治题写刊头。父亲命秀树代笔，杂志社的人看了秀树题的刊头，大加赞赏。

秀树于1913年（大正二年）4月入京极寻常小学校（即旧制普通小学）。学校旁边就是御所（指天皇、皇族的住所），环境优美。学生大多是有钱人家的孩子，大学教授的孩子也很多。因为周围有许多大学教授的住宅。

那时候，大学教授的薪水很不错，没几年就能攒够盖房子的钱。京极小学以教学质量高而出名。学生进了京极小学就比较容易进一流的中学了，因而京极小学被称作"升学的学校"。

小学时的秀树，聪明、努力。考第一名的时候虽然很少，但成绩总是班里的前几名，常为老师称道。他经常担任班长。那时候学校有个规定，为了让更多的学生得到锻炼，班长只能任半年。

外表文静的秀树，做起事来却有股子不服输的劲儿。有一次上体育课的时候练习相扑，对手是个身强力壮的学生，不费劲儿就把秀树掀倒在地。秀树爬起来，脸憋得通红，快要哭出来的样子，向对方猛扑过去。

一位小学的老师在回忆秀树往事的时候说："汤川秀树有股不服输的劲儿。遇到数学难题，一时解不开，他就是哭着也要把题解出来才肯罢休。"

一位小学时住在秀树家附近的同班同学回忆道："我们许多同学放学后回到家里扔下书包就跑出去玩。可是汤川秀树回到家里就很少再出来了。就是出来，也很少一个人。逛庙会的时候总是跟哥哥一起去，有时候跟爸爸一起出来。汤川秀树的爸爸秃顶，肚子圆圆的。汤川秀树跟在后面，就像大老板后面跟着一个小徒弟似的，那样子看上去真有点滑稽。"

秀树最初显露出数学天分，是小学二年级的时候。念中学的哥哥在代数课上学了等差数列求和公式，回到家里想教给弟弟。于是就问秀树："我考考你，从1到5加起来的和是多少？"

"15。"秀树立即回答道。

哥哥非常吃惊，眼睛瞪得大大的。心里想：也许是这个数太小了，就接着问道：

"从1加到10呢？"

"55。"秀树脱口而出。

"你怎么算得这么快？"

于是秀树把自己的算法跟哥哥说了一遍，原来是秀树想出了一个算术公式。坐在旁边的妈妈眼里闪出惊奇的泪光，抚摸着秀树的头，脸上露出了幸福的微笑。秀树倒是有点儿摸不着头脑，觉得妈妈和哥哥的反应有点儿奇怪。

晚餐桌上，小雪把这件事跟丈夫说了，琢治听了满意地点了点头，对秀树说：

"听说咱们祖上就有算术出名的人。你是个聪明的孩子，好好学习吧。"

父亲是从不轻易表扬孩子的。这天的话给全家人留下了深刻的印象。

中学时代

　　1912年（大正八年）4月，12岁的秀树考取了京都府立第一中学（旧制中学学制为五年）。这是京都数一数二的学校，在全日本以校风自由而著称。汤川秀树在回忆这段生活时写道：

"我在这所学校遇到了很多优秀的老师，结识了很多好朋友。"而在后面无微不至地关怀着这些优秀教师和学生的，是校长森外三郎。他曾留学英国，回到日本后，便努力模仿英国学校的自由精神。校长的自由主义，用当时某些人的话来说，是放任主义。对中学生给予这么多的自由，实在是过分了。森外校长对人宽容，总是和颜悦色。他在新生入学仪式上的极简短的讲话中说了一句："你们都是成人了。从今天起，我们彼此以绅士相待。"校长的讲话令人感到意外。细细想来，含义是很深刻的。因此，学生们都尊敬他、

喜欢他。森外校长的用意是在日本培养西
方式的个性。这种做法与当时整个的日本
社会气氛形成了鲜明的对比。日本的学校
重视培养共性和集体主义，而不是个性或
个人主义。像森外三郎这样的校长，就是
在100多年后的今天也是很少见的。秀树在
这所充满了自由氛围的学校里，渐渐地从
少年时期多愁善感的性格中解放出来。他
思想的翅膀一点一点地丰满了起来。

　　京都一中的老师都很出色，特别是能
在森外三郎校长手下工作，感到自己受到
充分的尊重和信任，工作起来都分外起
劲。秀树很崇拜他的数学老师竹中马吉，
他总是有办法让学生在笑声中兴致勃勃地

学习。夏天，下午的课堂令人昏昏欲睡，他上课点名时大声喊道：

"没来的举手！"

全班顿时哄堂大笑，睡意都给驱散了。他的几何学讲得条理清晰，理论明了透彻，让人体会到数学语言的美。

到了三年级，课程变得很难了。英语课的教材都用原文，其他学科有些课也用英语讲，为的是使学生能尽快地直接用英语学习各学科的知识。这是京都一中的一大特色。这种做法大大激发了学生的积极性。秀树对学校的这一措施很满意，为了提高英语水平下了很多工夫，还尝试着翻译过英语小说。

京都一中的另一大特色是从三年级开始，按成绩编班。成绩差的学生被称作六等生，有点歧视的味道，也有的学生因此而辍学。社会舆论对此也褒贬不一。

　　中学时代是一个青少年开始思考人生是什么的时期。那时候整个日本都掀起了一股托尔斯泰热，当时的一些年轻人以能够成为一个托尔斯泰主义者而感到自豪。秀树的哥哥就是托尔斯泰的崇拜者，在家里常常跟他谈起托尔斯泰。也许是出于不甘落后的性格吧，秀树也跟着潮流读了托尔斯泰的《论人生》和一些别的小说。这些小说倒也让他开始理解了只要是人，就有烦恼的道理。那么，自己内心的烦恼是什么呢？他开始认识到自己的多愁善感、过分内向的性格，同时也开始思考人生究竟意味着什么这个问题。他虽然没有像许多人那样成为托尔斯泰主义者，可是，这成了他阅读西方文学作品的开端。罗曼·罗兰的《约翰·克利斯朵夫》可以说是中学时期最令他陶醉的一部小说。

课余时间，他常去静思馆阅读西洋历史方面的书籍。回家时还要带上一本茶色精装的、新潮的外国小说翻译本。一到家就迫不及待地打开书看起来。

那时一些出版社出版了《老子》、《列子》和《庄子》的单行本，他在父亲的书房里找到了这些书。从5岁开始直到小学毕业，祖父教他诵读的书里就是没有这些书，也许是父亲和祖父认为这些书对孩子没有什么教益吧。这反而更加激起了他阅读 这些书的欲望。于是他就先从《老子》看起，没多久就都看得很熟了。秀树觉得，中国的儒家思想只注意人类及其社会，而几乎完全忽视他们周围的自然界。另一方面老子和庄子的书里，自然界却是思维的中心。他们论证说，脱离了自然界的人不可能是幸福的。比起大自然，人类的抵抗实在是徒劳无益的。性情比较孤僻的秀树深深地被老子和庄子的宿命论哲学所吸引。

这一时期秀树还读了像正宗白鸟

（1879－1962）的极端虚无主义的小说，并且很受感动。还有吉田弘二郎（1886－1956）和仓田百三之类的小说，也让他着迷。也许是这些小说里都散发出淡淡的伤感情调吧。

循循善诱的竹中老师，使秀树对数学的兴趣变得更浓厚了。在各学科中他最喜欢的是数学。课堂上讲授的内容远远满足不了他的胃口。那时有一本叫《几何学入门》的书。这本书写得很有趣，有些部分很像一部数学史，书中附有许多练习题。他就买回来自学，一道题一道题地做完了全部练习题。解数学题的时候，他总是喜欢从各种角度来分析，找出多种解法。一次代数考试，他本来可以得100分。不知道为什么却被扣掉了几分，他就去问老师。老师勃然大怒，拍着桌子大吼："你不按照我教的做，就要扣分。"这件事对汤川秀树似乎有些影响，从此以后，他就不太喜欢这位老师了。

念京都一中的时候，他开始对物理学产生了兴趣，经常思考一些物理学问题，也常常跟二哥讨论物理学的问题，有时难免争论起来。有一次他们讨论物质的最小单位，二哥说最小的单位就是原子，原子是不能再分割下去的。秀树却不以为然，他坚持说原子也是可以再分下去的。兄弟两个谁也说服不了谁，直到争论得面红耳

赤动起手来。这时候大哥走过来揪住两个
人的头使劲儿地对撞几下，事情往往以秀
树先开始哭鼻子而告结束。中学生对事物
的看法，有一半儿是自己凭想象。但是，
谁能断定秀树那时候的说法，与他后来作
为一个伟大的物理学家时的思想毫无关系
呢？

中学时代的汤川，除了数学以外，也
显露出文学方面的才华。他的一篇获奖作
文，现在仍然保存在京都的一所纪念馆
里。

受到家里人的鼓励，他参加了游泳训
练。到毕业的时候，他能游5千米了，并因
此得到了教练的合格证书。在京都一中，

秀树仍跟在小学一样，是个默默无闻的学生。他成绩优秀，但并不突出。他不愿意为了考试拿高分而花更多的时间，他有想不完的问题，有看不完的书。再加上他的寡言少语，对别人的问题他总是用最简短的词句来回答。所以，除了他的同班同学，没有几个人知道秀树的名字。

有一次，学校组织学生们上山打野兔。先在野兔经常出没的地方拉好一张大网，然后学生们排好横队，跑着叫着把藏在草坪灌木丛中的野兔赶进网里。那些奔跑着的褐色野兔，像一个个滚动的绒球。对中学生来说，没有比这更开心的了。学生们抓住网罗的野兔，折断四肢，免得跑掉。夕阳西下的时候，大家一路上有说有笑地扛着辉煌的战利品回到校园。点起篝火，空气中飘散着烤肉的香味儿，饥肠辘辘的学生们饕餮地大嚼起来。回到家躺在被窝里想起白天的事，耳边响起折断野兔四肢时啪啪的骨折声，秀树感到一阵恶心。从此以后，他再也不参加这样的活动了。秀树用四年时间以优异的成绩毕业。

比他高两个学年的二哥茂树和其他几个学生主编了一份叫《近卫》的杂志。经常给这个杂志投稿的学生有几十人，秀树在这个杂志上发表了他创作的童话。投稿人可以用笔名发表自己的习作，有些习作还由老师加了评注，或向学校提出各种建议。让思想上还不成熟的青少年，拥有一个自己的思想园地，得到锻炼，有利于青少年更好地成长起来。

中学四年级上生物课的时候，当老师讲到拉马克的用进废退理论时，秀树能够欣然接受。可是当老师讲到达尔文的进化论时，完全接受了老庄宿命论的秀树，是很难理解的，使他经过长时间的痛苦思考，这一思考过程本身却是秀树从少年期向青年期转变的一个标志。强烈的求知欲，促使秀树向所有未知领域去挑战，他开足了马力只盼望着早一天升入第三高中。

在小川琢治来看，从事创造性的脑力

劳动，是人生最大的幸福。作为一个学
者，他感到自豪。至于他的孩子们，不
用说，当然都应该成为出色的学者。这一
点，甚至在他儿子出世以前，就已经藏在
他心底深处的某个地方了。周围的人常常
称赞他的孩子，这使他感到满意。可是最
近他的想法似乎有点儿改变，把每个孩子
都送上大学，真的是最好的选择吗？老大
芳树打算进东大，老二茂树进大学也是定
下来的。他们都是学校里的尖子，这一点
从他们在家里的表现也看得出来。那么秀
树呢？这老三跟另几个孩子可不一样。他
稳重、温和而又敏感。在这后面究竟藏着
什么呢？是别的孩子都没有的更高的天分

吗？还是相反……这正是小川心里琢磨不透的地方，还是先听听妻子的看法吧。

"老大和老二上大学，这是定下来的了。秀树明年就中学毕业了，你怎么想呢？"

妻子小雪听了丈夫的问话，一下子愣住了，沉默了好久后说：

"你怎么会想起问这个问题呢？我想，当然是跟两个哥哥一样上大学。"

对小雪来说这是一个非常敏感的话题。秀树也是她生的，她养的，也同样是让她感到骄傲的孩子，秀树没有比别的孩子逊色的地方。她的话让人感到她内心的愤愤不平。

琢治深深感到妻子这番话的分量。

一天下班回家的路上。

"小川先生！"后面有人喊。

琢治回头一看，原来是秀树的校长森外三郎。两个人寒暄了两句，话题就转到秀树身上来了。

"你熟悉我的三儿子吗？"

"唉，很熟习。"

"将来，这孩子向哪个方面发展好呢？"

"哪个方面，是指什么说的？"

"比方说，是进普通高中，然后进大学，还是……"

"还是什么，"

"进专门学校呢？"

森外校长停下脚步，直视着琢治的眼睛说：

"秀树嘛，可是个好学生。像他那样聪明的孩子真是不可多得。如果你真的打算把他送进专门学校，那么，您还是把他送给我吧。我不是跟您开玩笑。"

两个人分手以后，琢治放慢了脚步，他感到心里有点儿内疚，同时也为有这样一个出色的儿子感到骄傲。他加快了脚步，他要快点儿回家，告诉小雪一个好消息：他已经决定要秀树报考第三高中。

高中教育

1923年（大正十二年）4月，16岁的秀树进了府立第三高等学校（相当我国的大专）。这所学校是通往名牌大学的阶梯。秀树比同班的学生要小两岁，仍是满脸稚气。他进小学的时候，就比别的孩子早了一年，又是只念完四年中学就报考第三高中的。那时候允许念完中学四年课程参加入学考试的高中只有第三高中一所学校。秀树选择了理科甲班，校长仍是京都一中的森外三郎。原来，第三高中发生了学生罢课事件，为了解决问题，森外被调到三高。许多学生成年以后回忆起当年的母校，都对森外先生充满感激与敬佩之情。

20世纪20年代的高中生们，过着一种无忧无虑的生活。多数人是棒球迷，不是先生就是拉拉队的队员。每年的校庆日还要大大的热闹一番，许多学生提前一个月就开始准备了。校园里搭起了许多棚子，搞起了各式各样的模拟店。多是卖吃的。附近的市民们也都踊跃光顾，不愁不热闹。一边品尝学生们像玩儿似的做出来的小吃，一边像赶集似的逛来逛去。也有些带有文化气息的活动，像茶道啦、书法啦、音乐表演啦等等。当然对于那些关心社会问题的学生们来说，这是宣传他们观点的好机会。喇叭的声音大得让人躲得远远的，日子过得很快活。

在中学时绝对不敢尝试的禁果——恋爱，到了高中以后，就从校规里删除了，一些学生们就迫不及待地学着大人的样子谈起恋爱来。学校里的体育明星和演说家，常常成为女孩子追逐的目标。

　　那时候最时髦的是穿破衣服。帽子也要想法弄得破旧不堪才肯戴。新学生没有那么多的破烂衣服就向老学生借，穿新衣服是乡巴佬。总之，一切时髦的东西必须是旧的、破的、脏的，宿舍里也是又脏又乱。

　　这种生活情调对秀树却没有多大吸引力。不过，高中时代的秀树性格较少年时代开朗得多了，他常跟大家一起打打棒球。也曾参加过拉拉队，抬着大鼓，摇着红旗，狂热地为第三高中的棒球队助威呐喊。一年暑假，京都一高和三高的一场比赛在东京举行，许多三高的学生赶到东京为本校的球队助威，秀树一反常态也跑到东京参加了。三高输了，他们就返回了京都。第二天（1923年9月1日）就发生了历史上著名的关东大地震。

秀树真正的兴趣和爱好是在图书馆。三高的图书馆藏书丰富。他的课余时间多是在图书馆里度过的。一年级的时候他在图书馆里读了大量科学史方面的书籍，使他能对科学有一个整体概念，并且对各学科也有了一个较清楚的概念。与中学时代不同，读文学书的比例少了。

三高的数学课，实际上不好学，研究物体之间互相作用的力及其对物体运动的影响。具体应用的方式多是解微分方程式，所以才叫数学。担任这门课程的是掘井健夫先生，他在京都帝国大学理学部物理教研室从事光学研究。他的课，比起理论研究来，更加重视数学基本功的演练。只是把讲义的要点记下来，就想完成掘井先生的演习题，是不可能的，需要有较高的解题技巧才行。能进三高，并且能遇上掘井这样的老师，对汤川后来所从事的研究都是十分有益的。

秀树仍然迷恋于物理。虽然数学是他的长项，可是他觉得数学太抽象了。他读了田边元关于量子力学的书，看了不知道多少遍，仍然感到深奥难懂，有如堕入五里云雾。可是这非但不能吓跑他，反而令他更加入迷。

1920年前后，社会主义和马克思主义的思潮曾十分活跃。当时，很多大学生都在研究社会科学和马克思主义。东京大学的一部分学生于1918年成立了一个社会主义的学生团体叫"新人会"。在日本青年中很有影响。秀树的同龄人中，有些人对这股强大的社会思潮，表现出了很大的热情，显得比秀树成熟多了。秀树似乎与此无缘。不但是社会活动，就连课堂上讲授的经济、法律等社会科学方面的课程，他也不感兴趣。他觉得这些内容跟他毫无关系，只是考试的时候抓过来背一下，好在他总能顺利地过关。

汤川在三高的第二外语选的是德语。

他计划通读一本原文书来提高德语水平。有一天，他在一家书店里偶然发现了布兰克著的德文版《理论物理学导论》，共五卷。光是作者的名字就令他兴奋不已，因为他从田边元的书里记住了这个非凡的名字——一个伟大的德国物理学家。1900年首先提出量子论，揭开了20世纪物理学革命的序幕。他马上买下了这套书。回到家里迫不及待地读起来。令他满意的是，他能看懂的部分远比他料想的要多，因而他对自己的德语比较有信心了。更令他兴奋的是对于理论方面的理解，比他刚进三高的时候有了很大的长进。他几乎是在亢奋的状态中贪婪地读完了这部具有划时代意义的巨著。他觉得自己终于找到了人生之路，那就是学习，而且是学习物理学。汤川高中时代的生活似乎单调一些，他也没有谈过恋爱，依然像中学时代那样默默无闻。他沿着一条笔直的路奔跑着，一刻不停。于是汤川秀树决定报考京都大学物理系。当然他很顺利地就通过了入学考试，成绩是拔尖儿的好。

大学时代

　　1926年，汤川秀树升入了京都大学。这座历史悠久、环境幽雅的学府，是秀树神往已久的科学殿堂。

　　京都大学有许多先进的实验设备，也

有藏书丰富的图书馆，更有许多著名的教授、自由的学术氛围。因此在造就优秀的科研人才方面，京都大学在日本是首屈一指的。这一切使好学的秀树欢欣鼓舞，决心努力拼搏一番。

然而，不久他就发现京都大学的物理系没有专门从事量子物理研究的教授。汤川秀树意识到这点后，更加努力地学习，就是在4月樱花盛开之时，他也趴在图书馆里。由于在三高时代他就曾阅读过普朗克的《理论物理学引论》，又有较好的德语基础，进入大学后，他便如饥似渴地阅读着德文刊物。那时科学的中心在欧洲，德国的科研水平更是世界上数一数二的。因此，德国的、甚至全欧洲的物理学家，如卢瑟福、查德威克、海森堡和前苏联物理学家伊凡宁柯，更别说普朗克，都成了他未见面的老师。

秀树自进入大学起就特别仔细地研读他崇拜的伟大的物理学家普朗克的著作。如1908年普朗克任柏林大学教授时，他应邀赴荷兰的莱顿大学讲学，作了一次物理学史上具有重要意义的讲演。在这次讲演中，普朗克热情而雄辩地谈到了物理学的划时代前景。他谈到物理学正在摆脱人类感官的局限性，以先进的手段来寻找真正的统一。那时候，令人头痛的矛盾现象将迎刃而解。这篇文章给汤川秀树留下了极深的印象。他经常阅读这篇文章，每次阅读都有新的发现。与此同时，曾令他着迷，令他神往的量子力学正在发生着急速的变化。量子力学完全不是他所设想的那个样子了。一种更加先进的量子力学席卷了整个欧洲的物理学界，德国处于领先地位。意大利、荷兰、挪威等国年轻的物理学家的论文也一篇接一篇地刊登出来，这使汤川秀树心急如火。他深深地感到现在才着手搞量子力学已经太晚了。他不得不选择新的研究方向，他决心要在大学毕业以前把新的研究方向确定下来。究竟搞什么好呢？一时还决定不下来。正在这时，东京大学的物理学教授，到京都大学做了一次"今昔物理学"的报告。这个报告系统地讲述了1900年以来，物理学的一些重大发现，使汤川秀树系统地了解了量子物理史上的重大发现和物理学发展的新阶段一些尚待解决的问题。这使汤川秀树眼界大开，信心倍增。这对汤川秀树确定自己的研究方向也起了很大的作用。

经过长时间调查和思索，他发现人们对原子能和宇宙射线所知甚少。还有，从事这种研究的机构和个人也很少。就这样，他终于把大学毕业以后的研究方向确定下来了。

介学理论

  1929年（昭和四年），汤川秀树从京都大学毕业了。汤川秀树留在物理教研室当助手，在玉城教授的指导下，继续研究基本粒子。助手是没有工资的。一座老式建筑物里的一个大房间，用作8名助手的研究室。每个人的桌子之间用屏风隔起来。每天除了午饭后散一会儿步，从早到晚地趴在桌子上看论文或搞计算，生活单调而清苦。这段寒窗苦读，为汤川以后的研究工作打下了更加坚实的基础。

1932年（昭和七年），秀树与汤川澄子结婚。秀树原本有心做个独身者。有一天，有人给他提亲，他似乎有些动摇。于是介绍人就拿出澄子小姐的照片来，当秀树看到汤川澄子登载在一本杂志上的照片时，竟然当场同意了。女方父母有个条件，就是秀树必须做汤川家的养子改姓汤川。这一点秀树也当场同意了。跟许多学者的婚姻相似的是，汤川没有为恋爱花费时间，这是一桩完满的婚姻。这一年他被任命为讲师。

　　第二年又开始兼任大孤大学的讲师。汤川为什么去大孤大学呢？说来话长。明治维新前的日本，由于长期的闭关自守政策，大大地落后于西方国家。自明治维新开始，彻底地引进西方的政治、经济、教育等体制，奋起直追。不到30年就已经初见成效。到了20世纪初，物理学界发生了一件划时代的大事。1903年，东京大学教授长冈半太郎发表了原子模型图。东大学报拒绝发表，认为这似乎有点儿离谱。于是，长冈半太郎便在英国物理学会的杂志上发表了自己的论文。长冈半太郎虽然打算把这项研究继续搞下去，终因遭到周围人的反对而不得不停下来。8年后，英国科学家通过放射性实验证实了长冈半太郎的模型是正确的。长冈先生也因此而一举成名，后来成了新建立的大阪大学校长。在物理学界中是举足轻重的人物。

　　给日本物理学界带来极大影响的另一位有名的学者叫仁科芳雄。他于1921年赴欧洲留学，1928年归国。归国后，他没有进有名的国立大学，而是选择了东京的一家民间研究所。仁科把欧洲自由的学术空气带回日本，许多国立大学年轻有为的学者都慕名而来。他的弟子菊池正赴大阪大学任教授，创设了原子物理研究室。由于大阪大学得到财界的捐助，建成了加速器，这是搞原子核物理研究必不可少的基本条件。因此汤川才来到大阪大学。大阪大学是一座新成立的大学，很有朝气，一批雄心勃勃的学者聚集在这里。秀树的主要业绩就是在大阪大学完成的。

汤川秀树的科学业绩是他所生活的时代的产物，物理学的发展向科学家们不断地提出新课题，这些新课题的不断解决造就了一个又一个伟大的物理学家。19世纪末，物理学似乎已经完成了它的使命。以牛顿力学和麦克斯韦的电磁学为支柱，声学、光学、热学的主要问题都已经解决了。

还有什么可研究的呢？可是，几乎与此同时，X线、电子和放射线能的发现为原子核物理学的诞生带来了曙光。此后量子力学的基础也已经较为完善，爱因斯坦的相对论也已经确立。这些都为汤川秀树的研究奠定了必不可少的基础。

汤川秀树致力于研究原子核内质子和中子的束缚力。乍看起来，由于带正电荷粒子互相排斥，含有一个以上质子的任何原子核都会是不稳定的。把一些带正电荷的质子挤进一个原子核会产生强大的排斥力。明显的答案是：一定存在着其他的仅在近距离起作用的吸引力使核子保持在一起。这种力就是物理学家所说的"强相互作用"。

汤川秀树找到了原子核中，质子和质子、质子和中子能够紧密地结合在一起的原因。他提出在原子核中，存在一种新型的场力。它既不同于电磁力，也不同于万有引力。这种场力与电磁力十分类似，电磁场力可以认为是在带电粒子之间交换光子形成的，而核力则可以认为是在核子之间交换一种粒子形成的。原子核之所以坚不可摧，就是有这种力的作用。这就是有名的"介子理论"。

介子理论向科学界明确了下述问题：自然界中应该有一种质量为电子的200倍－300倍的粒子，是质子或中子质量的1/6－1/8，它可以带电，也可以不带电，就是这种粒子形成了核力。由于它的质量介于电子和质子的质量之间，所以命名为"介子"。正是介子使得质子克服了它们之间的同性电斥力，而和中子一起紧紧地组成了原子核。介力场绕着质子和中子，正像电磁场绕着电子一样，当电子受到碰击，而发生运动时，它周围的电磁场就以光的形式播散出来；当一个质子或中子受到碰撞时，也会放出介子，所以宇宙射线中，应该能够发现介子。

1934年（昭和九年）11月，汤川秀树第一次在日本数学、物理学会上发表了他的预测介子存在的论文。父亲小川琢治特地赶到东京大学的会场，站在最后，听完了这篇具有历史意义的学术报告。当时的场面似乎有些令人扫兴。汤川秀树站在讲坛上，声音小得后排的人难以听清楚。有的人睡着了。讲完了也没有人提问，很快就散会了。远非一次成功的学术研讨会那样，有许多争论、气氛热烈。也许是很多人认为汤川秀树太过新奇了吧，科学是要靠实验数据说话的。这一年汤川秀树27岁，他仅仅是一个小讲师。

此后的一段时间汤川都是在时而坚信，时而怀疑不安中度过的，两年之后有了一个新情况。1937年，一个令人振奋的消息传到了日本，美国物理学家卡尔·安德森在宇宙射线径迹中发现了这种粒子的迹象。物理学家们把它作为汤川秀树假设的依据，也可以说这种安德森利用威尔逊云室发现的新粒子，证实了汤川秀树的预言。这使汤川大为欣喜，增添了勇气。

但是终于在1947年，塞西尔·波韦尔在宇宙射线径迹中发现了质量为电子质量264倍的粒子。这一发现证实了汤川秀树假设的介子 π 子就是这种粒子衰变的产物，和核子有非常强的相互作用，因而非常精确地印证了汤川秀树的预言。由于这项成就汤川秀树被授予1949年度诺贝尔物理学奖，他是第一次获得这项荣誉的日本人。

汤川秀树在自述传《旅人》中有这样一句话"我对自己的研究是投入了全部的

智慧、感情和意志的，从没有过半途而废的念头。"

汤川秀树 "π介子理论" 的提出，到π介子的发现，标志着人类对物质的认识又向前跨进了一步，使人类认识从原子核进入到基本粒子的领域，所以说汤川秀树的理论，具有划时代的意义。

美国原子物理学家奥本海默说："汤川秀树博士预言介子存在，是在最近十年来为数甚少的极富科学成果的理论之一。"

1949年，战败的日本全国上下仍然笼罩在一片阴暗、颓废的气氛中。汤川秀树的辉煌成就使全体国民欢欣鼓舞。

已经成为世界物理学巨擘的汤川继续为

完善他的理论辛勤地工作。当时汤川的研究室里有些研究人员，虽工作多年，但是仍然未着手具体的研究，还在边学习边探索研究方向。对此汤川先生充分尊重他们的个人选择。汤川努力为他的研究室注入一种自由、进取而又富于创造性的精神。

他和这个研究室的全体成员都从心底里爱着这个研究室，这里是他们的梁山泊。因此这个研究室里不断涌现出各方面的人才，像天体物理、等离子体、生物物理、科学史等人才。最重要的就是汤川先生深深地懂得科学基于创造性。

汤川秀树的科学哲学

　　阅读本书的绝大部分人并非正在学习或研究核物理，我们所关心的是一位伟大科学家的科学头脑。本书以后将着重介绍汤川的科学哲学和中国古代哲学对汤川秀树的影响，内容绝大部分来自汤川秀树的著作。

科学是在不断地发展的，这一事实告诉我们科学永远也不可能是完美无缺和绝对正确的。科学始于经验，并且新的经验会不断地出现在你面前。我们简单地称之为经验的东西，事实上，在它们的后面是有某种规律把它们联系在一起的。追寻并且找出这种联系，有赖于洞察力、联想及推理能力。伽利略说：科学来自经验和理性，这是正确的。

但是，要找出这种联系来，在许多情况下是非常困难的。这甚至可以说是一个规律。

人是有生命的，而且还有精神。精神是什么？古人说精神住在我们心里，现代人则认为精神存在于人的头脑里。但是，要是仔细地追问下去，没有人能够告诉你精神到底在人大脑中的哪个部位，以什么形式存在等一系列的问题。就是说现代科学关于精神这个概念仍然是无知的。某些哲学家说，精神不存在于人的大脑中，也不存在于空间中的任何地方，并且也没有形状。然而，不管怎么说，精神是与我们的身体连在一起的。因而这一回答是不能令人满意的，如果我们不知道精神为何物，又受精神的支配，那么，我们对客观世界的认识在多大程度上是可信的呢？

还有一个比精神更令人费解的概念，那就是我们相信存在着某种叫做真理的东西。对于我们来说2+2＝4是一条不可怀疑的真理。又如一条数学定理：三角形的三个内角的和等于两个直角，这是欧几里德几何学中的一条定理。但是在非欧几里德几何学里，就存在着一条与此相反的定理即：三角形的三个内角的和不等于两个直角。这就蕴涵着同时存在许多不同逻辑体系的可能性，而这些不同的逻辑体系往往是互相矛质的。这些矛盾后面，有什么更高层次的联系呢？这是科学所面临的最基本的问题之一。

先让我们看看经验事实和定律这两个术语的概念。在实践中，尽管客体的位置、形状等特征可以在时间和空间的框架中加以精确地描绘，但是另外一些性质，例如颜色、声音、气味等，却很难作出精确的描绘。所以洛克把客体的特性分成第一性的和第二性的，分别用以指可以精确描绘的特性和难以精确描绘的特性。后来由于物理学和化学的研究不断取得进展，声音被归结为空气的震动，光被归结为以太的震动，气味和味道是由于人的感官接触到了某种物质的分子或离子。这就更加强了这样一种看法，即我们所看到的某些物理现象和化学现象，都是和广义的力学体系相联系的。从19世纪的某个时间开始，科学的进展似乎表明机械论的世界观是唯一正确的选择。到了20世纪，出现了突破。那就是相对论和量子力学的出现。把以太看成是在绝对时间和绝对空间中运动着的物质已经是不可能的了。我们必须面对四维时空及具有波粒二象性的电子和质子之类的抽象实体。

基本粒子曾经被理解为物质的最小单位。起初基本粒子的种类是很少的，那就是电子、质子和光子。现在情况完全不同了，基本粒子各类的总数已经超过了化学元素种类的数目了。19世纪末，电子首先被发现了，并被看成我们现在所说的基本粒子。与此同时又发现了放射性现象，这种随着巨大能量从原子中发射出来的异常现象，为探索物质结构提供了强有力的启示。终于在20世纪初期，人们搞清楚了原子是由电子和原子核构成的。1932年中子和正电子被发现了，实际上正电子存在早已被迪拉克所料到。于是基本粒子的世界就逐渐地显现出来。

1935年介子也登场了。这样，当时的粒子种类已经增加了很多。这种局面一直持续到40年代。当时坂田和谷川提出了双介子理论，问题立刻就出来了，为什么自然界需要两种介子？这一点在1947年得到了证实。宇宙射线在提供基本粒子的来源方面，起到了一种巨大的自然加速器的作用。1947年一种更加奇特的粒子也在宇宙射线中捕捉到了，当时称为v粒子，或新粒子。宇宙射线的实验研究证实了存在着多种粒子，这真是一种前所未有的新形势。正因为人们认为粒子是物质和能量的最基本单位，所以这么多基本粒子的出现，就向人们提出了一个新的困难的问题。

1947年以来，随着大型加速器的发展，人工制造介子已经成为可能。加速器的能量和规模不断地增大，制造v粒子和其他许多神秘的粒子也已经变成现实了。在50年代总共发现了30多种不同的粒子。而到了60年代，新一代的粒子加速器增强了各种功能，大大提高了实验结果的精确度，并因此得以发现许多寿命极短的粒子。我们搞不清楚这些粒子是否都应当被划归在基本粒子中，如果我们不加限制地把它们都纳入基本粒子，那么基本粒子的总数就会达到几百。这就会带来相当大的概念上的混乱。在这种情况下，看来，更加合理的做法就是放弃基本粒子是最基本单位的概念。最初曾认为物质不可分割的最小单位是原子，后来发现原子是由一些电子和一个原子核组成的。随着观察手段的进步，又发现原子核是由质子和中子构成的。由此可见，同样的情况也可能适用于基本粒子。

对基本粒子，分类的看法还难以统一。因此有的学者主张与其将这些粒子中的任何一种归类为基本粒子，还不如满足于认识到这些粒子显示了互相之间的可嬗变性。为了解决这一问题，汤川秀树于1942年提出了非局域场论。到了50年代或稍早些的时候，汤川秀树将这一想法整理成一篇论文，就是现在被称为非局域场的理论。

自然界的非连续性。牛顿和莱布尼兹是最早发展微分学的人，牛顿通过微分学研究运动，使他的力学理论臻于完善。在牛顿的力学里，运动是连续的，并且是能够分成任意小的段落。一个物体在一定的时间间隔里移动了一定的距离，就是该物体的运动速度。然而从20世纪开始，量子力学有了很大的发展。如果我们假设一个人在某个地方，后来他在另外一个地方，那么，我们可以断定他必然在这两个地方走过了一段连续的路程，这是确信无疑的。然而在量子力学里，能量有时从一个位置移动到另一个位置，在时间上可能是零，我们不能够说它曾经通过这两个位置中间的各个点。自然界的这种非连续性对于我们生活在普通世界中的人来说是不可思议的事。

汤川秀树与《老子》和《庄子》

　　汤川秀树的著作中多处引用了老子和庄子的文章。他对老子和庄子的理解，有很多独到的见解。用中西合璧四个字概括汤川秀树的思想，是很贴切的。汤川秀树是这样翻译和解释的。

《老子》原文："道可道，非常道。名可名，非常名。"他译为：

"真正的道——自然法则——不是惯常的道，不是公认的秩序。真正的名称——真正的概念——不是惯常的名称，不是公认的名称。"

汤川秀树进一步解释说："我所以喜欢这段文字，因为我是一个物理学家。在伽利略和牛顿于17世纪发现物理学的新'道'之前，亚里士多德物理学就是公认的概念。当牛顿力学建立起来并被承认是正确的'道'的时候，牛顿力学又成为唯一得到公认的概念了。20世纪的物理学是从超越惯常的道，并发现新的道开始的。今天，这种狭义相对论和量子力学形式下的新道已经变成了'惯常的道'了，甚至第四维和概率幅这样奇特的概念也变成惯常的了。"

大约是1956年前后的事，有一天，汤川正在苦苦思索基本粒子的问题，突然想起庄子的一段话来。他引述并翻译如下：

原文："南海之帝为倏，北海之帝为忽。中央之帝为混沌。倏与忽对相遇于混沌之地，混沌待之甚善。倏与忽谋报混沌之德，曰：'人皆有七窍以视听食息。息独无有，尝试凿之。'日凿一窍，七日儿混沌死。"

译文："南方的皇帝叫儵，北方的皇帝叫忽。中央的皇帝叫混沌。有一次南方和北方的两个皇帝走访中央皇帝的领土，混沌热情地款待了他们。儵和忽商量如何表达他们的谢意，他们说：'人都有七窍——眼、耳、鼻、口，是用来看、听、呼吸和吃。惟独混沌没有，我们给他凿七个窍吧。'就这样，他们每天给混沌凿一个窍，到了第七天混沌就死了。"

他进一步解释说："我眼睛看到基本粒子已经有多年了，至今发现的粒子已经达30多种。每种基本粒子都带来令人难解的谜团。我们不得不进一步考虑这些粒子的背后究竟隐藏着什么？我们想找到最基本的物质形式，但是如果基本物质形式有30多种，那就说不通了。很可能是万物中的最基本形式并不是固定的，而且和我们今天所知的任何一种基本粒子都不对应，它可能是具有转化成任何一种基本粒子的特性而还没有转化的某种东西，就像庄子寓言故事中的那个'混沌'"。

有时汤川给请他写条幅的人写"知鱼乐"三个字，当然免不了要把这三个字的出典作一番说明。"知鱼乐"三字出典于《庄子》第十七篇《秋水》一文，让我们先读读这篇有趣的故事吧。

"庄子与惠子游于濠梁之上。庄子

曰："儵鱼出游从容，是鱼之乐也。"惠子曰："子非鱼，安知鱼之乐？"庄子曰："子非我，安知我不知鱼之乐？"惠子曰："我非子，固不知子矣。子固非鱼矣，子之不知鱼之乐，全矣！"庄子曰："请循其本。"子曰："汝安知鱼乐"云者，既已知吾知之而问我。我知之濠上也。"

这段庄子和惠子的问答，可以看做是对科学中的理性主义和经验主义的间接评注。惠子的逻辑学看来始终比庄子好得多。惠子拒绝承认像"知鱼乐"那样既无明确定义又无法证实的事物，这当然是符合传统科学态度的。但是，我更倾向于庄子所暗示的东西。

一般说来，科学家的思维方式介于极端之间。一种极端是不相信任何未经证实的事物，另一种极端是相信任何未经证实不存在的事物都有存在的可能性。假如所有的科学家都坚持其中的一种看法，就不会产生现代科学。甚至在19世纪，关于原子的存在完全没有任何直接证明。尽管如此，依据存在原子的假设而进行研究的科学家们，取得了丰硕的成果。科学史清楚地证明了不承认任何未经证明的事物的态度，是太过刻板了。另一方面，相信任何未经证实不存在的事物都有存在的可能性，未免太泛无边际了。一个科学家在研究过程中，不可避免地要作出一种选择。

1965年在京都召开了一个基本粒子的国际会议，其间的一次宴会上，汤川用英语给参加会议的科学家们讲了"知鱼乐"的故事，一些听了这个故事的人就谈起了自己是像庄子还是像惠子。

汤川秀树做了如下的解释：

当然，现代科学是从欧洲发展起来的。人们说希腊思想提供了科学赖以发展的基础。薛定谔教授说，没有接受希腊思想的地方科学就得不到发展。从历史上看这话也许是对的，明治维新以来的日本基本上也是这样。但是，当我们考虑到将来的时候，没有理由认为希腊思想是科学发展的唯一的源泉。中国古代的哲学没有导致产生纯科学，这一点到目前为止可能是对的。但是，没有理由认为将来还会这样。

今天，我好像又回到了我中学时代，老子和庄子是我最喜欢的两位古代中国思想家。我觉得在某些方面，老子比庄子的思想更为深刻。但是老子文章的确切含义是很难把握的。他的文词艰深再加上各家注释也有许多出入，最终只能抓住一个骨架。庄子则有很多有趣的寓言，辛辣的讽刺和深邃的思想交映成辉，作为散文也是无与伦比的。

前面引述的寓言，几乎可以肯定不是

为了微观世界，而是为了整个大宇宙写的，不过我还是隐隐约约地看到了通过物理学研究而达到的那个微观世界。我们不能认为这种相似只是一种偶合。当你这样想的时候，你就可以得出如下的结论：希腊思想并非科学发展所依靠的唯一的思想体系。老子和庄子的思想与希腊思想很不相同，它自身构成了一个协调和理性主义的体系。作为一种自然哲学，至今仍然值得重视。

在中国的典籍中有很多关于"天"、"天道"、"天命"的论述。《论语》中的"天何言哉？四时行焉，百物生焉。"《墨子》中却有"知天之爱天下之

百姓。"（《天志上》）在《老子》中却完全倒过来了。"天地不仁，以万物为刍狗。"（刍狗是古人用来祭神的东西，祭后就扔掉）

今天看来，每种说法都有合理之处，只是着眼点不同罢了。孔子的思想显示了一个人中年和晚年所特有的成熟，"子不语怪、力、乱、神。"这一点，更加接近现代思想；老子则以惊人的洞察力看透个体的人和整个人类的命运；与他们相比，墨子有年轻的品质，也更接近西方的思想；庄子更具浪漫色彩，更加东方化。

"现代物理学"中物理一词，在中国古代道家著作中，即老庄学派《淮南子·览冥篇》里有"以耳目之察不足分物理"，《淮南子》里的物理，又是《庄子·知北游篇》的"圣人原天地之美，达万物之理。"中的两个字连缀而成的词，庄子所谓的"万物之理"有包罗万象的存在根本理法之意。

从幼年时代，读四书五经，到青年时代学习量子物理，再到中年时代预言介子理论，汤川秀树一直在汲取东西方文化的精华，使之成为自己的智慧和科学发现与发明。

从事和平运动

　　历史悠久的正义战争的概念至今仍然存在，交战的双方都认定他们进行的是正义的，战争会永远存在下去。十字军远征是为了解放宗教圣地耶路撒冷。在一个基督教徒看来，这场战争的正义性质是不容怀疑的。因为基督教就是真理和正义的化身，是基督教徒绝对的价值观念。但是，伊斯兰教的教徒们同样相信伊斯兰教是绝对的价值观念。对于既不相信伊斯兰教，也不相信基督教的人来说，是无法判明正义是在哪一方的。

作为伟大的物理学家，汤川秀树深刻地认识到科学能够造福于人类，同时科学也给人类带来深重的灾难。科学家不应当只顾拿出科研成果而不问这些成果是被如何利用的。在发现原子能巨大能量之后的不久，这一科学成果就变成了残酷的现实。1945年美国在日本投下了两颗原子弹，一瞬间，广岛和长崎这两座城市就被夷为平地。此后，汤川秀树将他后半生相当大的一部分精力，用于为彻底消除核武器和争取持久和平。

为了这一目的，他又一次来到中国的"诸子百家"中去寻找能够说服世人的道理。他找到了墨子，他认为墨子的思想在解决人类社会所面临的危机方面具有深远意义。墨子的兼爱说，比起基督教的博爱来，更加现实，更加合理。下面是他论述墨子的一段话：

墨子的思想可以用兼爱二字来概括。人爱自己也爱他人，爱自己的亲属也爱他人的亲属，这样对人对己都有利。一切麻烦都来自彼此不肯相爱。

"虽至天下之为盗贼者亦然：盗爱其室，不爱其异室，故窃异室以利其室；贼爱其身，不爱人，故贼人以利其身。此何也？皆起不相爱。虽至大夫之相乱家，诸侯之相攻国者亦然：大夫各爱其家，不爱异家，故乱异家以利其家；诸侯各爱其国，不爱异国，故攻异国以利其国。天下之乱物，具此而已矣。察此何自起？皆起不相爱。"（《墨子·兼爱上》）

译文：至于那些天下的盗贼也是如此；盗爱自己的家，不爱别人的家，所以盗别人的家，以有利于自己的家；贼爱自身，不爱别人的身体，所以杀他人以利自身。这是为什么呢？都起因于彼此不相爱。至于大夫互相攻打封地，诸侯攻击对方的国家，也是如此；大夫爱自己的封地，不爱别人的封地；所以才攻打别人的封地，以利自己的封地；诸侯爱自己的国家，不爱他人的封国，故进攻他人的封国，以利自己的封国。天下混乱的事物，都是如此而已。考察这一切缘何而起？都是起因于不彼此相爱。兼爱的主张，今天看来也是很有道理的。他国或异国今天很自然地已经扩大到包括全人类了。同时，兼爱的含义与基督教博爱也稍有不同。这种兼爱不同于不爱自己，或为了博爱而完全不考虑自己。尽管兼爱所提倡的道德目标不可能达到最高的水准，但这是切合实际的，合理的。对于只有和平共处才能生存和兴旺的人类来说，是唯一正确的选择。

墨子言曰："天下之士君子，特不识其利，辩其故也。今若夫攻城野战，杀身为名，此天下百姓之所皆难也，苟君说之，则士众能为之。况于兼相爱，交相利，则与此异。夫爱人者，人必从而爱之；利人者，人必从而利之；恶人者，人必从而恶之。害人者，人必从而害之。此何难之有！特上弗以为政，士不以为行，故也。"（《墨子·兼爱》中）

译文："墨子说：天下的志士君子们，只是不认识这利益，明白这原因。现在就像攻打城池，里外战斗，杀戮人身，为了名利，这是天下百姓都以为很难的，假如你能够说服他们，他们也是能够做的。而互相爱护，彼此帮助，就与攻伐不同了。爱别人的人，别人也会跟他一样爱另外人；有利于他人的人，别人也一定跟他一样有利另外的人；对人凶恶的人，别人也一定跟他一样对另外的人凶恶；害人的人，别人也一定跟他一样害另外的人。这有什么难的呢？只是上官不用它为政策，士君子不以它为行动。所以，才如此。"

汤川秀树想建立墨子所提倡的人人"兼相爱，交相利"的社会，反对侵略战争，反对用科学技术制造武器，屠杀人民。

结束语

　　作为物理学家的汤川秀树，今天"各种书籍上汤川相互作用"、"汤川电位"等词汇，已经是物理学界不可缺少的概念了，这是汤川先生创下的永恒业绩。

　　他是日本小学的社会学教科书里重点介绍

的历史人物之一，初中和高中国语课本里选用了汤川先生的文章，他的著作译成多国文字。

作为思想家的汤川先生，在理论物理学之外的许多领域，以其深邃的智慧撰写了大量的著作。作为艺术家的汤川，也为后人留下了大量的有关艺术方面的文章、几百首和歌和精湛的书法艺术。作为人类的代言人，他倾注了后半生的精力，向世界大声疾呼彻底废除核武器和实现世界的持久的和平。

爱因斯坦说：最不能理解的就是自然界是可以理解的这一事实。汤川秀树在高中时代就给自己确定了明确的生活目的——学习，并且是学习物理学。

一粒种子要发芽要求温度、水分等一系列条件。对于父母或学校，乃至大到整个社会都必须具备一定的条件，才能使一粒天才的种子萌发、成长、开花、结果。

为了实现这一目标，他给自己制定了明确的时间表。比如早上几点起床，什么时间做什么事等，他尽量使自己的生活像一列有目的而又有时间规定的火车一样运行。制定一个作息时间或一项行动计划很容易，然而把它付诸实施可就远没有那么容易了。用汤川自己的话来说他只做到了一半。

世界五千年科技故事丛书